COCINA DEL BIENESTAR

MW01697870

Recetas para seducir

H KLICZKOWSKI

Concepto: **Paco Asensio, Hugo Kliczkowski**
Textos y fotografías: **Nowtilus SL**
Directora de arte: **Mireia Casanovas Soley**
Maquetación: **Diego González**
Corrección: **Susana González**

ISBN: 84-96304-17-5
D.L.: SA-756-2004

La Fundición, 15. Polígono Industrial Santa Ana
28529 Rivas-Vaciamadrid. Madrid
Tel.: + 34 91 666 50 01
Fax: + 34 91 301 26 83
asppan@asppan.com
www.onlybook.com

Impreso en: Gráficas Calima, Santander, España

Recetas para
seducir

80025 75540

Crema de limón

Este es un original entrante para una comida veraniega; también puede servir para cambiar el sabor entre el primer y el segundo plato de una comida copiosa

Dificultad mínima **Para 4 personas** **50 min.**

INGREDIENTES

1 l de caldo de pollo
100 g de harina
100 g de mantequilla
zumo de 6 limones
4 yemas de huevo
200 ml de nata fresca
sal y pimienta negra molida

UTENSILIOS

cacerola
varilla o cuchara de madera
cuenco

Paso a paso

Fundir la mantequilla en una cacerola hasta que se oscurezca. Añadir la harina y remover durante 2 min.

Agregar poco a poco el caldo de pollo a la mezcla y volver a remover con una varilla o cuchara de madera para que no se pegue.

Cocer la mezcla a fuego lento durante media hora.

Pasado este tiempo, verter el zumo de limón y sazonar con sal (media cucharada de café) y pimienta (dos puntas del cuchillo).

Cocer 10 min. más y añadir la nata y las yemas previamente batidas en un cuenco. Remover hasta que la crema quede homogénea. Enfriar e introducir en el frigorífico durante 15 min.

SUGERENCIAS

- Para adornar la crema, podemos utilizar nuez troceada o piñones.
- Esta misma crema se puede preparar sustituyendo la sal por 60 g de azúcar.

Almejas a la marinera

Las almejas son un plato delicioso en cualquier época del año, muy fáciles de preparar, lo más importante es que estén vivas en el momento de cocinar

Dificultad mínima | **Para 4 personas** | **20 min.**

INGREDIENTES

1 kg de almejas
1 cebolleta
2 dientes de ajo
15 g de harina
250 ml de vino blanco
50 ml de aceite de oliva
perejil picado

UTENSILIOS

tabla de cortar
cuchillo
cacerola
cuchara de madera

Paso a paso

Poner las almejas en agua y remover para que escupan los restos de arena. Cambiar el agua dos o tres veces.

En una cazuela, calentar el aceite de oliva. Cuando esté caliente, añadir la cebolleta y el ajo picados y rehogar hasta que estos estén dorados. Seguidamente añadir la harina y remover hasta que se mezcle por completo con el aceite. Agregar las almejas a la mezcla y, a continuación, el vino blanco. Mantener en el fuego, removiendo de vez en cuando, hasta que las almejas se abran.

Disponer en una fuente, espolvorear con perejil y servir caliente.

SUGERENCIAS

- Se puede sustituir el perejil por cilantro, que se agregará al sofrito al mismo tiempo que el vino blanco.
- Una forma de cambiar esta receta es sofreír, junto con el ajo y la cebolla, unos taquitos de jamón curado.

Berenjenas rellenas

Esta receta, que destaca por la sencillez de sus ingredientes y elaboración, ofrece un resultado muy lucido para servir a nuestros invitados

Dificultad mínima | **Para 2 personas** | **1 h**

INGREDIENTES

Relleno:
150 g de ternera picada
2 berenjenas
1 tomate
1/2 pimiento verde
1/2 cebolla
2 dientes de ajo
sal gorda
60 ml de aceite de oliva

Salsa bechamel:
250 ml de leche
30 ml de aceite
40 g de harina

UTENSILIOS

bandeja de horno
horno
cuenco
sartén
cuchillo
cuchara de palo

Paso a paso

Lavar y secar las berenjenas. Desechar el cáliz y abrirlas por la mitad.
Precalentar el horno durante 10 min. a 180°C. Mientras, para elaborar la salsa bechamel, calentar el aceite en una sartén. Agregar la harina y remover. Añadir la leche despacio, sin dejar de remover la mezcla para que no se pegue. Reservar.
Disponer las berenjenas en la bandeja del horno, con algo de sal gorda y un poco de aceite. Introducirlas en el horno durante 20 min. A continuación vaciar la pulpa con una cuchara y reservarla en un cuenco.
Calentar en una sartén el aceite. Trocear la cebolla, el pimiento y los ajos y añadirlos cuando el aceite esté caliente. Sazonar. Sofreír hasta que el pimiento esté blando y la cebolla transparente; añadir la carne picada y salar. Remover hasta que la carne tome color marrón. Por último, agregar la pulpa de la berenjena y la mitad de la salsa bechamel; mezclar bien.
Apartar del fuego y rellenar con la masa obtenida las cuatro mitades de las berenjenas. Disponer sobre cada una de ellas una rodaja de tomate. Colocarlas en una fuente para horno y cubrir con el resto de la salsa.
Introducir en el horno, con el grill encendido, a 220°C durante 3 min.

SUGERENCIAS

- Esta receta también se puede cocinar con calabacines.

Bocaditos de anchoas

Este es un aperitivo muy sabroso y original que, por su presentación, dará gran colorido a nuestra mesa

Dificultad mínima **Para 3 personas** **1 h 15 min.**

INGREDIENTES

3 minipanecillos de pan integral
12 anchoas en conserva
2 limas
1 naranja
aceite de oliva

UTENSILIOS

cuchillo
tabla de cortar
exprimidor
sartén

Paso a paso

Pelar la naranja y una de las limas y cortarlas en tiras.

Exprimir la otra lima y emplear el zumo para rociar las anchoas. Dejar que tomen sabor durante 1 h.

Cortar en sentido transversal los minipanecillos. Calentar en una sartén un poquito de aceite y freírlos.

Disponerlos en una fuente y rodearlos con las tiras de lima y naranja.

Por último, escurrir el zumo de lima de las anchoas y colocar dos en cada pieza de pan.

SUGERENCIAS

- Las anchoas son un pescado que se puede combinar con multitud de ingredientes, por ejemplo, rodajas de tomate natural, queso fresco o de untar, salmón ahumado, etcétera. Son muy socorridas para preparar un buen aperitivo.

Crema de aguacate

En esta exquisita crema la mezcla de verduras y chirlas llenará de sabores el paladar de sus invitados

Dificultad mínima **Para 4 personas** **1 h**

INGREDIENTES

3 aguacates
1/2 kg de chirlas
1 cebolleta
1 limón
2 tomates
500 ml de caldo de pollo
sal

UTENSILIOS

cacerola
batidora
colador
chino
cuenco

Paso a paso

Lavar las chirlas en un cuenco para que escupan los restos de arena.

Pelar los aguacates, deshuesarlos y trocearlos. Lavar los tomates, quitarles la piel y picarlos. Hacer lo propio con la cebolleta. Exprimir el limón y reservar el zumo. Introducirlo todo en un cuenco y macerar durante 30 min.

Mientras tanto, cocer las chirlas en una cacerola con abundante agua y sal. Retirar cuando se abran. Separarlas de la cáscara y reservar. Pasar el agua de la cocción de las chirlas por un colador para que quede limpia de cualquier impureza y dejarla enfriar.

Una vez fría, añadirla al cuenco que contiene el resto de los ingredientes; agregar el caldo de pollo y sazonar. Pasar por la batidora hasta que la crema quede homogénea. Si se quiere una crema muy fina, se puede pasar por un chino.

En el momento de servir, añadir las chirlas.

SUGERENCIAS

- Esta crema puede servirse fría o caliente, según se prefiera.
- Las chirlas pueden sustituirse por gambas, langostinos o cualquier pescado que tenga sabor y consistencia para trocearse.

Langostinos en sopa

Reconfortante sopa de verduras en la que toque de marisco aporta una pizca de sofisticación

Dificultad media **Para 4 personas** **1 h 30 min.**

INGREDIENTES

2 l de caldo de pescado
500 g de langostinos cocidos
1 cebolla
1 zanahoria
1/2 pimiento rojo
2 dientes de ajo
125 ml de agua de coñac
60 ml aceite
sal
pimienta
estragón

UTENSILIOS

cacerola
chino o colador
cuchillo

Paso a paso

Picar la cebolla, la zanahoria, el pimiento y el ajo. Calentar 60 ml de aceite en una cazuela e introducir toda la verdura; echar una pizca de sal y un poco de estragón. Rehogar hasta que se dore y añadir las cabezas de los langostinos.

Remover y añadir el agua de coñac.

Dejar que cueza durante 5 min. y agregar el caldo. Cocinar durante 1 h.

Colar el caldo y añadir las colas de los langostinos troceadas.

SUGERENCIAS

- El caldo de pescado puede hacerse con pastillas de caldo en polvo que se encuentran en cualquier supermercado.

Mejillones con salsa especial

Original receta con mejillones que puede servir bien como entrante bien como primer plato

Dificultad mínima **Para 2 personas** **25 min.**

INGREDIENTES

1/2 kg de mejillones
250 ml de vino blanco
150 g de mayonesa
1 limón
sal
pimienta

UTENSILIOS

cepillo de cerdas gruesas
cacerola
colador
exprimidor

Paso a paso

Limpiar bien los mejillones con un cepillo de cerdas gruesas y abundante agua.
Exprimir el limón y reservar el zumo.
Introducir los mejillones limpios en una cacerola con el vino y cocerlos hasta que estén abiertos. Sacarlos de sus conchas y dejarlos enfriar en un plato. Reservar las conchas.
Colar el caldo de vino resultante de la cocción, dejarlo enfriar y mezclarlo con la mayonesa. Sazonar con sal, pimienta y el zumo de limón.
Colocar la salsa con cuidado en las conchas de los mejillones.

SUGERENCIAS

- Este plato es estupendo para servirlo en una comida tipo bufé.
- Hay muchas pescaderías que proporcionan el mejillón ya limpio, así se puede evitar el trabajo de limpiarlo.

Macarrones con bacalao

Delicioso plato de pasta con sabor a mar. Muy rico y completo, es estupendo como plato único acompañado de un buen postre

Dificultad mínima **Para 3 personas** **30 min.**

INGREDIENTES

250 g de macarrones
250 g de bacalao
1 pimiento verde
1 tomate
1 cebolleta
aceite de oliva
sal
perejil picado

UTENSILIOS

cazuela
sartén
cuchillo
tabla de cortar
escurridor

Paso a paso

Ponemos en agua el bacalao durante, al menos, 12 h. Conviene cambiarla dos o tres veces. Transcurrido este tiempo secarlo y trocearlo.

Cocer los macarrones en una cazuela con abundante agua y sal durante 10 min. Escurrir y enfriar con agua del grifo.

Picar el pimiento, el tomate y la cebolleta. Poner una sartén al fuego con un poco de aceite y rehogar en ella la verdura hasta que el pimiento esté blando. Añadir una pizca de sal y el bacalao. Remover durante 3 min. Añadir los macarrones y remover de nuevo para que tomen el sabor de la salsa. Servir muy caliente.

SUGERENCIAS

- También puede utilizarse lomos de bacalao fresco, de muy buen sabor, que ahorran el proceso de desalación.

Salmón tropical

Este plato es muy recomendable para los amantes de las sorpresas en la cocina y para aquellos a los que les gusta probar nuevas combinaciones de sabores

Dificultad mínima **Para 1 persona** **10 min.**

INGREDIENTES

1 mango grande
30 g de salmón ahumado
1 bolsita de tinta de calamar
aceite de oliva

UTENSILIOS

cuchillo afilado o cortafiambres

iciente-
das.
ón ahu-
edazos
ma ele-

n poco
el cala-
y mez-
s y de-
corar el plato con el sobrante.

■ ■ ■

SUGERENCIAS

- Es importante que el mango esté maduro para que no estropee el sabor del plato.

Rape alangostado

Receta muy tradicional que suele servirse en días de fiesta, como Navidad o Año Nuevo. Toda una delicatessen

Dificultad mínima **Para 4 personas** **15 min.**

INGREDIENTES

1 kg de lomo de rape
100 g de pimentón dulce
agua
sal gorda

UTENSILIOS

papel de aluminio
cazuela

Paso a paso

Salar el lomo de rape y cubrirlo completamente con pimentón. Envolverlo en papel de aluminio.

Poner agua a hervir en una cazuela en cantidad suficiente como para que el pescado quede totalmente sumergido. Cocerlo durante 5 min. Escurrirlo y dejarlo enfriar.

Introducirlo en el frigorífico durante 15 min. para que sea más fácil de cortar.

Servirlo cortado en láminas finas.

SUGERENCIAS

- Se puede acompañar con mayonesa o salsa rosa, aunque el excelente sabor del rape no lo precisa.
- Se puede picar media lechuga y preparar con ella un lecho en el plato donde se sirva el rape.
- Para facilitar la tarea del corte sólo hay que pasar la hoja del cuchillo por el chorro de agua fría.

Mero estilo oriental

Deliciosa receta de mero que por su acompañamiento puede servir de plato único, precedida de unos ligeros entrantes

Dificultad mínima **Para 2 personas** **30 min.**

INGREDIENTES

2 filetes de mero
50 g de harina
150 g de espinacas frescas
50 g de pan rallado
30 g piñones
30 g de pasas corinto
1 cebolleta
1 diente de ajo
aceite de oliva
sal gorda
perejil

UTENSILIOS

2 sartenes
cuenco
cuchillo
tabla de cortar

Paso a paso

Salar los filetes de mero y pasarlos por harina. Dorarlos en una sartén con un poco de aceite bien caliente. Reservar.

Picar la cebolleta y limpiar y trocear las espinacas.

Disponer en un cuenco el pan rallado, el ajo y el perejil picados y mezclar.

En otra sartén, calentar un poquito de aceite y añadir la cebolleta. Cuando tome un aspecto transparente, agregar los piñones y las pasas y remover. Por último, añadir las espinacas, dejarlas solamente 2 min., el tiempo necesario para que estén al dente. Reservar la mezcla.

Colocar en el centro de un plato el filete de mero, espolvoreado con la mezcla de pan rallado, y disponer alrededor el sofrito de espinacas.

SUGERENCIAS

- Es importante que los piñones estén en buen estado, ya que de otra forma pueden alterar el sabor del plato.

Pez espada empanado

El pez espada se ha considerado tradicionalmente un pescado con propiedades afrodisiacas, lo que lo convierte en un alimento ideal para una cena romántica

Dificultad mínima | **Para 1 persona** | **1 h 15 min.**

INGREDIENTES

1 filete de pez espada
1 limón
1 huevo
100 g de pan rallado
sal y pimienta
250 ml de vino de aceite de oliva

UTENSILIOS

sartén
exprimidor
espumadera

Paso a paso

Sazonar el filete de pez espada con sal y pimienta. Colocarlo en un plato y cubrirlo con el zumo del limón. Dejarlo macerar durante 1 h.

Disponer un plato con el huevo batido y otro con el pan rallado. Escurrir el pescado del zumo y pasarlo primero por el huevo y después por el pan rallado.

Preparar una sartén con el aceite y dejar que se caliente bien en el fuego. Freír el filete. Sacar con una espumadera y adornarlo en un plato o fuente con rodajas de limón y perejil.

SUGERENCIAS

- Podemos servirlo con unas patatas cocidas y un poco de zanahoria rallada.

Magret de pato

Plato habitual en la carta de muchos restaurantes, no hay motivo para no atreverse a cocinarlo en casa, ya que es de elaboración muy sencilla

Dificultad media | **Para 2 personas** | **35 min.**

INGREDIENTES

2 pechugas de pato
aceite de oliva
sal gorda
pimienta negra

Salsa:
300 g de cerezas en almíbar
250 ml de caldo de pollo
250 ml de vino tinto
45 g de maicena

UTENSILIOS

sartén
cuchillo

Paso a paso

Marcar las pechugas con unos cortes profundos para que se hagan por dentro con más facilidad. Sazonarlas con sal y pimienta por ambos lados.

Calentar aceite en una sartén y dorar las pechugas, aproximadamente unos 2 min. por cada lado a fuego no muy vivo. Retirar y reservar.

En la misma sartén, verter el caldo de pollo, el vino tinto y las cerezas. Mantener en el fuego durante 10 min. a partir de que empiece a hervir, tiempo suficiente para que se evapore el alcohol. Incorporar la maicena y remover para que se ligue con el resto de la salsa.

Calentar el grill del horno o microondas e introducir las pechugas durante 3 min.

Antes de servir, cortar las pechugas en lonchas y rociar con la salsa de cerezas.

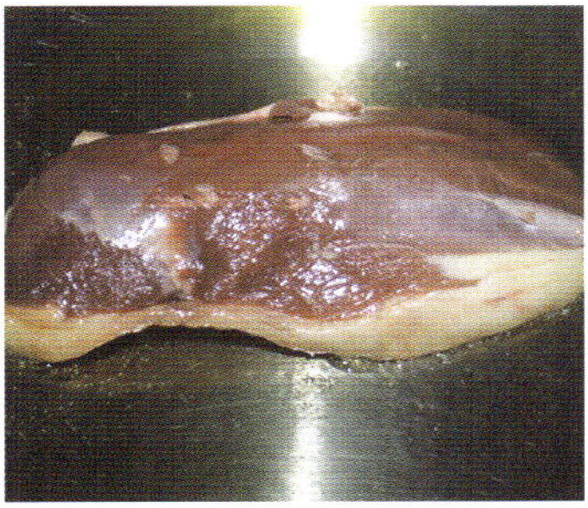

SUGERENCIAS

- Esta salsa puede acompañar a otras carnes, siempre que sean rojas o de caza.

Entrecot a la pimienta verde

Suculenta receta de entrecot, que es imprescindible acompañar con una copa de buen vino tinto para saborear la carne en todo su jugo

Dificultad mínima | **Para 1 persona** | **20 min.**

INGREDIENTES

1 entrecot de 350 g
sal gorda
25 granos de pimienta verde
2 cebolletas
15 g de mantequilla
300 ml de nata líquida

UTENSILIOS

cacerola
plancha o sartén
cuchillo
tabla de cortar

Paso a paso

En una cazuela, derretir a fuego medio la mantequilla y añadir los granos de pimienta verde y las cebolletas picadas; sofreír durante 2 min. Una vez pasado este tiempo, agregar la nata líquida y dejar que cueza la mezcla a fuego lento hasta que se haya reducido a la mitad.

Mientras tanto calentar la plancha y poner el entrecot previamente salado. El tiempo de cocción depende del gusto del comensal. Para que esté al punto, bastarán 2 min. por cada lado.

Servir en un plato cubierto con la salsa muy caliente.

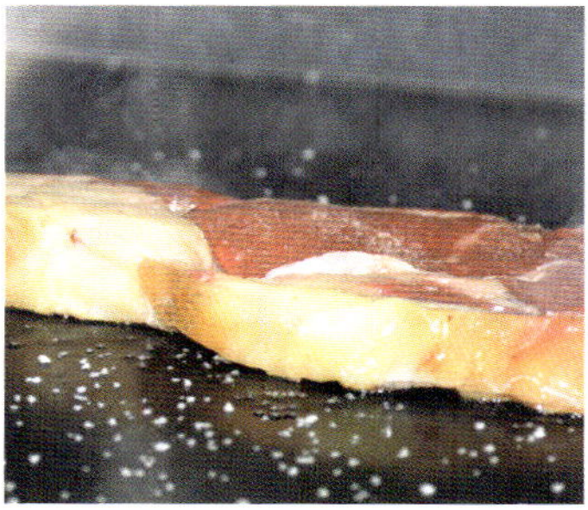

SUGERENCIAS

- Esta salsa se puede utilizar en la preparación de carnes más económicas, como el lomo de cerdo, por ejemplo.

Merluza al pimentón

Lo realmente importante de cualquier receta de merluza es la calidad del pescado y lo fresco que este sea

Dificultad mínima **Para 1 persona** **20 min.**

INGREDIENTES

1 rodaja de merluza
1 cebolla
2 dientes de ajo
60 ml de aceite de oliva
250 ml de vino blanco
250 ml de agua
5 g de pimentón

UTENSILIOS

cazuela de barro

Paso a paso

Picar la cebolla y el ajo y sofreírlos en la cazuela de barro con el aceite sin dejar que se tuesten. Añadir la rodaja de merluza y espolvorear el pimentón sobre ella. Girar la pieza de merluza.

Cubrir con el vino y agregar igual cantidad de agua. Cocer a fuego fuerte durante 12 min., cuidando que el pescado no se pegue. Separar del fuego y servir muy caliente.

SUGERENCIAS

- Si no se dispone de una cazuela de barro, puede sustituirse por las convencionales de cerámica o acero inoxidable.

Conejo a la cerveza

La carne de conejo es muy sabrosa y económica;
este guiso resalta de forma agradable su sabor

Dificultad mínima | **Para 3 personas** | **40 min.**

INGREDIENTES

1 conejo de 1 kg troceado
3 cebolletas
2 dientes de ajo
250 ml de tomate frito
250 ml de coñac
500 ml de cerveza
15 g de harina
tomillo
45 ml de aceite de oliva
sal y pimienta

UTENSILIOS

sartén
pasapurés
chino

Paso a paso

Rehogar en una sartén con el aceite las cebolletas y los ajos picados, hasta que estas tomen un aspecto transparente. Incorporar el conejo y salpimentar. Espolvorear por encima el tomillo y la harina y añadir, el coñac, el tomate frito y la cerveza. Remover para que liguen todos los ingredientes y cocer durante 15 min. para que se evapore el alcohol.
Retirar el conejo y disponerlo en una fuente. Pasar la salsa por el pasapurés y después tamizarla en el chino para que quede fina. Servir el conejo cubierto con la salsa.

SUGERENCIAS

- Puede elaborarse este guiso en una olla exprés; se cocinará antes.

Trucha rellena de jamón

Las truchas son un pescado de sabor muy rico y de precio muy asequible; en esta receta el resultado es muy vistoso

Dificultad mínima | **Para 1 persona** | **15 min.**

INGREDIENTES

1 trucha asalmonada
1 loncha de jamón ibérico
50 g de harina
sal y pimienta
75 ml aceite de oliva
perejil picado

UTENSILIOS

sartén
cuchillo
plato
espumadera

Paso a paso

Lavar bien la trucha bajo el grifo. Abrirla con un cuchillo y salpimentarla. Introducir en el interior la loncha de jamón.

Una vez preparada, enharinarla completamente.

En una sartén, calentar a fuego vivo el aceite de oliva y freír la trucha durante 3 min. por cada lado.

Retirar del fuego con una espumadera para que escurra todo el aceite. Disponer en un plato y espolvorear con perejil picado.

SUGERENCIAS

- Si el relleno de jamón es del gusto de todos los comensales, se puede emplear con cualquier otro pescado.

Pechugas de pavo en guiso

Guiso de pavo especial para el otoño, cuando la temporada de setas está en todo su esplendor

Dificultad mínima **Para 2 personas** **40 min.**

INGREDIENTES

1/2 kg de pechugas de pavo
1 patata mediana
200 g de setas
1 cebolleta
1 diente de ajo
4 clavos
hebras de azafrán
2 hojas de laurel
250 ml de vino blanco
125 ml de agua
75 g de almendras picadas
90 ml de aceite de oliva
pimienta negra molida
sal

UTENSILIOS

sartén
tabla de cortar
espátula de madera

Paso a paso

Calentar el aceite en una sartén y añadir la cebolleta picada, el ajo laminado y el laurel. Remover durante 2 min. y agregar el pavo troceado y salpimentado. Seguidamente incorporar el azafrán y el clavo.

Cuando la carne esté dorada, añadir la patata troceada en daditos y las setas. Cocer durante 5 min. sin dejar de remover y agregar el vino y el agua.

Cocinar durante 15 min. más y cuando la salsa haya espesado, incorporar las almendras. Servir muy caliente.

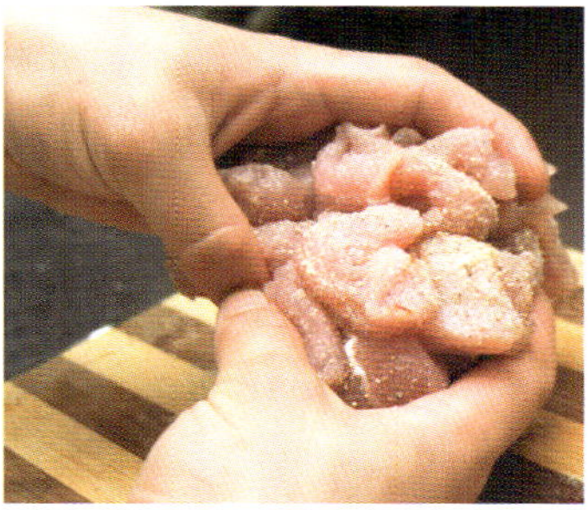

SUGERENCIAS

- Es un plato ideal para servir en cazuelas de barro individuales.

Merluza con almejas

Con este guiso salimos de la forma tradicional de preparar la merluza y obtenemos un estupendo guiso adecuado para cualquier ocasión

Dificultad mínima **Para 1 persona** **30 min.**

INGREDIENTES

1 rodaja de merluza
2 dientes de ajo
200 g de almejas
100 g guisantes cocidos
45 ml de aceite de oliva
perejil picado

UTENSILIOS

cazuela de barro
espátula de madera

Paso a paso

Poner la cazuela de barro al fuego con el aceite y freír los ajos previamente picados hasta que estén dorados.

Salar la merluza e introducirla en la cazuela; freírla durante 1 min. por cada lado. Añadir medio vaso de agua. Cuando haya alcanzado el punto de ebullición, agregar las almejas, que se habrán lavado con agua fría para que escupan los restos de arena.

Cocinar durante 2 min. y añadir los guisantes y el perejil. Dejarlo durante otros 2 min. y servir directamente del fogón.

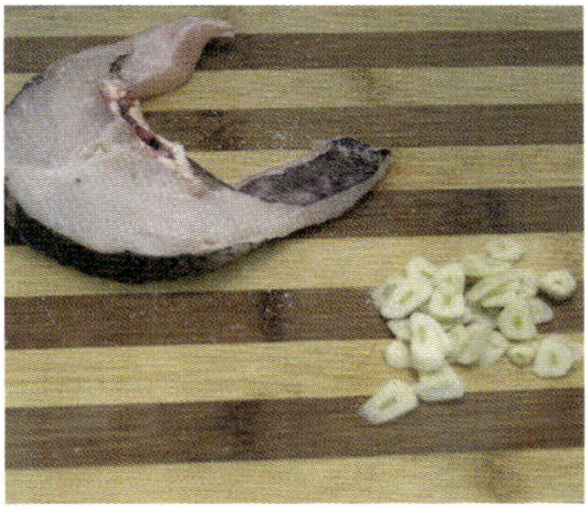

SUGERENCIAS

- Se puede enriquecer el plato añadiendo un puñado de gambas peladas cuando los ajos estén dorados.
- Para hacerlo más económico, se puede optar por merluza congelada en lugar de fresca.

Gallo al horno

Este es un plato muy sano y sabroso con una magnífica presentación final que sorprenderá a nuestros invitados

Dificultad mínima | **Para 1 persona** | **20 min.**

INGREDIENTES

1 gallo de ración
135 ml de aceite de oliva
3 dientes de ajo
1 limón
sal

UTENSILIOS

bandeja de horno
sartén
cuchillo
tabla de cortar

Paso a paso

Extender 75 ml de aceite de oliva en una bandeja de horno e introducirla en el horno previamente precalentado a 220°C.

Cuando esté caliente, sacarla con cuidado y cubrir el centro (la extensión aproximada del gallo) con el limón cortado a rodajas.

Sazonar el gallo y disponerlo sobre las rodajas de limón.

Dorar los ajos, previamente fileteados, en una sartén con el resto del aceite bien caliente. Una vez dorados, añadir todo el contenido de la sartén -tanto los ajos como el aceite- sobre el gallo preparado en la bandeja del horno. Introducir en el horno durante 10-12 min. Servir bien caliente, respetando la disposición de los ingredientes (el limón debajo, el pescado después y el sofrito de ajos al final).

SUGERENCIAS

- Si tenemos más invitados, sólo debemos duplicar la cantidad de los ingredientes de la receta.
- Este pescado combina muy bien para servir con una crema de verduras de primer plato y un postre de fruta para terminar.

Chipirones con bonito

Plato totalmente mediterráneo, los lomos de bonito son de por sí un manjar cuyo sabor se ve potenciado por el guiso de chipirones con verdura

Dificultad mínima | **Para 2 personas** | **45 min.**

INGREDIENTES

2 chipirones grandes
4 lomos grandes de bonito en conserva
1 pimiento verde
1 tomate
2 cebolletas
2 dientes de ajo
30 g de harina
125 ml de agua
sal
60 ml de aceite de oliva

UTENSILIOS

sartén
cuchillo
tabla de cortar

Paso a paso

Calentar el aceite de oliva en una sartén y sofreír las cebolletas, el ajo, el pimiento y el tomate picados. Salar y esperar a que se haya reblandecido.

Agregar el agua y la harina y remover hasta que esta se disuelva. Incorporar los chipirones y cocinarlos durante unos 10 min., dándoles la vuelta de vez en cuando.

En una fuente o plato, disponer los lomos de bonito. A ambos lados, colocar los chipirones y esparcir el sofrito por el plato.

SUGERENCIAS

- Se pueden añadir unos huevos cocidos picados o bien a cuartos para que decoren el plato.

Pato confitado

Una deliciosa combinación de dulce y salado la que se presenta en esta exquisita receta

Dificultad mínima | **Para 1 persona** | **25 min.**

INGREDIENTES

1 muslo de pato
1 manzana
40 g de mantequilla

UTENSILIOS

descorazonador de manzanas
sartén
cuchillo
tabla de cortar

Paso a paso

Lavar la manzana, secarla y quitarle el corazón. Cortarla en gajos.

En una sartén, calentar la mitad de la mantequilla y freír el muslo hasta que esté dorado por ambas partes.

Retirarlo y en la misma sartén freír los gajos de manzana durante 4 min. a fuego lento. Es aconsejable subir el fuego durante los últimos segundos para que se doren. Volver a poner el muslo en el fuego para que tome el sabor de la manzana y además se caliente. Servir antes de que pierda el calor.

SUGERENCIAS

- Para ganar tiempo, puede hacerse el muslo en el horno mientras se prepara la salsa de manzana.

Solomillo con foie

Plato muy sencillo con un resultado realmente exquisito.
Receta perfecta para una cena muy especial

Dificultad mínima | **Para 1 persona** | **15 min.**

INGREDIENTES

1 tournedó de solomillo
1 filete de foie
sal gorda
aceite de oliva

UTENSILIOS

plancha o sartén grande
espátula

Paso a paso

Salar por ambos lados el solomillo. Untar la sartén con muy poco aceite y asar el tournedó al gusto.

Cuando el solomillo esté casi hecho, poner el filete de foie en la plancha, manteniéndolo muy poco tiempo (unos 15 s por cada lado) para que no se deshaga.

Con una espátula, disponer el foie encima del solomillo y servir muy caliente.

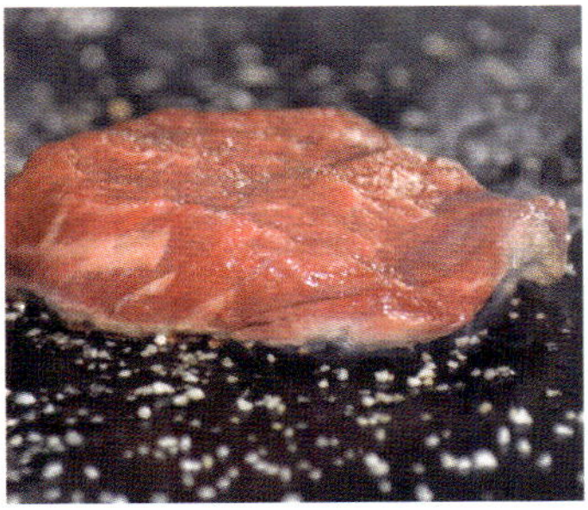

SUGERENCIAS

- Esta receta es muy contundente, por lo que se recomienda servirla con un plato ligero de primero, como una ensalada de ahumados o una crema fría de verduras.
- Un postre estupendo para finalizar la comida es una combinación de helados de menta y chocolate.

Trucha a la sidra

Esta receta tiene un resultado muy delicado y exquisito al tiempo que un precio excelente

Dificultad mínima **Para 1 persona** **30 min.**

INGREDIENTES

1 trucha asalmonada
125 ml de sidra
30 g de mantequilla
50 g de harina
sal gorda
pimienta negra

UTENSILIOS

sartén

Paso a paso

Limpiar bien la trucha con agua fría y sazonarla con sal gorda y pimienta negra molida. Deshacer en la sartén la mantequilla y añadir la trucha cuando esté caliente. Freírla hasta que esté dorada.
Añadir la sidra y freír durante 10 min. Servir muy caliente.

SUGERENCIAS

- Se recomienda elegir truchas asalmonadas, que son más sabrosas que las truchas blancas.

Tarta de plátano

El ingrediente principal de esta tarta, el plátano, es básico en repostería por su sabor dulce y su textura cremosa

Dificultad mínima **Para 4 personas** **1 h**

INGREDIENTES

3 plátanos maduros
3 huevos
2 l de nata líquida
125 g de azúcar
150 g de harina
mantequilla

UTENSILIOS

bol
molde de tarta para horno
cuchillo
tabla de cortar

Paso a paso

Pelar los plátanos y cortarlos en rodajas finas.

En un bol, batir los huevos, la nata y el azúcar hasta que la mezcla sea homogénea. Añadir la harina y remover de nuevo. Por último, incorporar las rodajas de plátano.

Untar el molde con mantequilla, añadir un poco de harina por encima y agregar la masa.

Precalentar el horno a 180°C y hornear durante 45 min. Desmoldar y dejar enfriar antes de servir.

SUGERENCIAS

- Se puede decorar la tarta con nata montada.
- No es buena idea decorarla con rodajas de plátano, a no ser que estén envueltas en gelatina, ya que esta fruta se oxida al tomar contacto con el aire.
- Si se desea aumentar el dulzor de la tarta, se puede sustituir la nata por leche condensada.

Flan de naranja

Muchas veces nos apetece salir de los postres tradicionales y sorprender a nuestros invitados, por ejemplo, con este flan de sabor especial

Dificultad media | **Para 3 personas** | **40 min.**

INGREDIENTES

3 naranjas
50 g de harina
45 ml de licor de naranja
4 claras de huevo
50 g de azúcar
25 g de almendras picadas
mantequilla

UTENSILIOS

cazuela
exprimidor
batidora o varillas de montar claras
molde para horno

Paso a paso

Exprimir una naranja y mezclarla con la harina. Colocar la masa en una cazuela junto con el licor y cocinar, sin dejar de remover, hasta que espese.

Rallar la cáscara de una naranja y trocear sus gajos y los de otra naranja más.

Montar las claras a punto de nieve con el azúcar hasta que tomen consistencia. Añadirlas a la masa y remover hasta que el resultado sea homogéneo.

Untar el molde de mantequilla y rellenarlo con la masa. Precalentar el horno a 150°C y hornear durante 8 min. Desmoldar y decorar con las almendras. Servir frío.

SUGERENCIAS

- Este postre puede servirse acompañado de bombones; el chocolate combina muy bien con la naranja.

Delicia de piña

Postre muy sencillo ideal para cuando se dispone de poco tiempo pero se quiere ofrecer un plato casero

Dificultad mínima | **Para 2 personas** | **30 min.**

INGREDIENTES

2 láminas de pasta brisse
2 yogures de fresa
4 rodajas de piña
1 bote de nata montada con dosificador
15 g de mantequilla

UTENSILIOS

molde de tarta para horno
cuchillo

Paso a paso

Untar el molde de tarta con mantequilla y forrarlo con las láminas de pasta de forma que cubran el fondo y los laterales del molde. Precalentar el horno a 200°C durante 10 min. e introducir el molde hasta que la pasta se endurezca (unos 12 min. aproximadamente). Dejar que se enfríe.

Extender los yogures por el fondo del molde y añadir la piña cortada en daditos esparcida de manera uniforme.

Decorar con la nata montada.

SUGERENCIAS

- Los ingredientes del relleno admiten múltiples combinaciones a gusto del cocinero: fresas frescas con yogur natural, plátano fresco con yogur de coco, etcétera.

Tarta de queso

Deliciosa tarta que tiene como ingrediente principal el queso; postre tradicional que no dejará indiferentes a nuestros comensales

Dificultad mínima **Para 4 personas** **40 min.**

INGREDIENTES

250 g de queso fresco
250 g de leche condensada
3 huevos
100 g de galletas maría
1 melocotón en almíbar
15 g de mantequilla

UTENSILIOS

bol
molde de tarta para horno
batidora

Paso a paso

Disponer en un bol el queso fresco, los huevos y la leche condensada. Batir hasta obtener una mezcla homogénea.
Desmenuzar las galletas maría. Untar el molde de horno con la mantequilla y esparcir las galletas de manera uniforme. Verter encima la masa.
Precalentar el horno durante 10 min. a 180°C e introducir el molde. Hornear durante 20 min.
Comprobar que haya cuajado la masa con una varilla que debe salir limpia.
Desmoldar y decorar con rodajas de melocotón en almíbar. Servir frío.

SUGERENCIAS

- Si gusta mucho el sabor del queso, se puede añadir a la mezcla inicial la ralladura de un queso curado, que le dará a la tarta un toque especial.

Mousse de chocolate blanco y negro

Espectacular postre para los amantes del chocolate; tanto el acabado como la suave textura hacen que sea el broche de oro para cualquier comida

Dificultad máxima **Para 2 personas** **1 h 15 min.**

INGREDIENTES

250 g de chocolate negro
250 g de chocolate blanco
200 g de azúcar
8 yemas de huevo
750 ml de nata

UTENSILIOS

batidora de varillas
cuencos
moldes individuales para flan

Paso a paso

Colocar los dos chocolates en recipientes y fundir al baño maría, con mucho cuidado de que el agua no entre en contacto con el chocolate.

Batir, ya sea con la batidora o a mano, la nata, hasta montarla. Batir también las yemas junto con el azúcar, hasta que queden esponjosas. Unir poco a poco la nata con las yemas y remover con suavidad. Dividir en dos partes la mezcla resultante y añadir una al chocolate blanco y otra al chocolate negro.

Tomar los moldes individuales, rellenarlos hasta la mitad de chocolate blanco y cubrimos hasta la parte superior con chocolate negro. Guardar en el frigorífico durante 30 min. Desmoldar y servir.

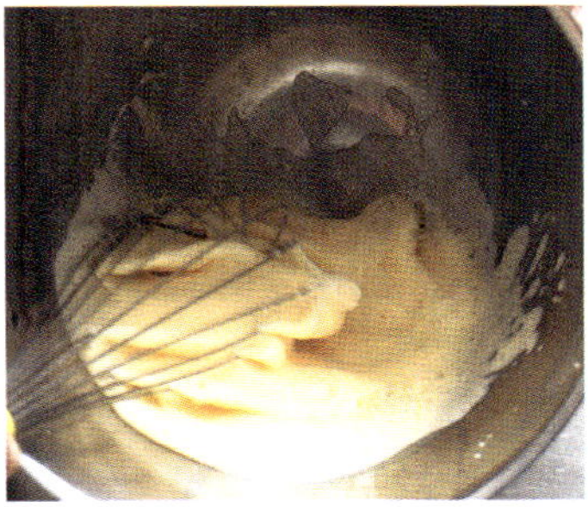

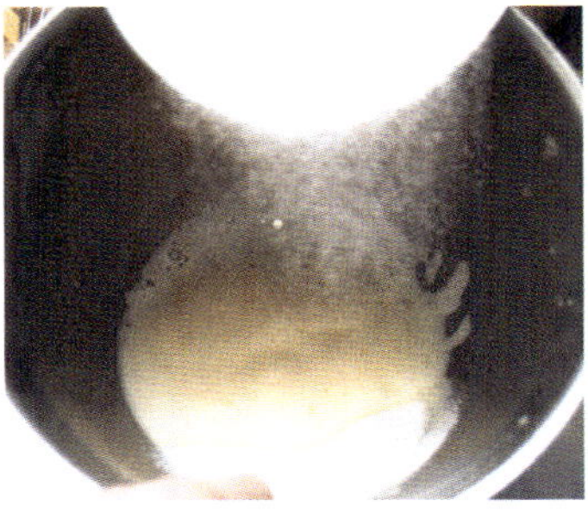

SUGERENCIAS

- Se puede decorar cada mousse con una guinda roja en el centro o, si se prefiere una nota de color, con confeti de azúcar.